AF218825

Impressum
Verlag: BABADADA GmbH, Nedderfeld 112 , 22529 Hamburg
Geschäftsführer / Verlagsleitung: Harald Hof
Druck: Books on Demand GmbH, In de Tarpen 42, 22848 Norderstedt

Imprint
Publisher: BABADADA GmbH, Nedderfeld 112 , 22529 Hamburg, Germany
Managing Director / Publishing direction: Harald Hof
Print: Books on Demand GmbH, In de Tarpen 42, 22848 Norderstedt

Schuel
school

dividiere / divide

$186/2$

Taflä / board

Klassezimmer / classroom

Pauseplatz / school yard

Lehrer / teacher

Papier / paper

schribe / write

Stift / pen

Schribtisch / desk

Lineal / ruler

Buech / book

Schüeler / pupil

Thek

satchel

Etui

pencil case

Bleistift

pencil

Spitzer

pencil sharpener

Radiergummi

rubber

Zeicheblock

drawing pad

Zeichnig

drawing

Pinsel

paintbrush

Malchaschte

paint box

Schär

scissors

Liim

glue

Üebigsheft

exercise book

Huusufgabe

homework

12

Zahl

number

2+2

addiere

add

5-2

subtrahiere

subtract

2×2

multipliziere

multiply

rächne

calculate

A

Buechstabe

letter

ABCDEFG
HIJKLMN
OPQRSTU
VWXYZ

Alphabet

alphabet

hello

Wort

word

Text

text

läse

read

Kriide

chalk

Lektion

lesson

Klassäbuech

register

Prüefig

examination

Zügnis

certificate

Schueluniform

school uniform

Usbildig

education

Enzyklopädie

encyclopedia

Universität

university

Mikroskop

microscope

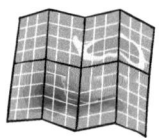

Charte

map

Papierchorb

waste-paper basket

Reis
travel

Hotel
hotel
Grand
Härbärg
hostel
ROOMS
Wächselstube
currency exchange office
EXCHANGE
Koffer
suitcase
Auto
car

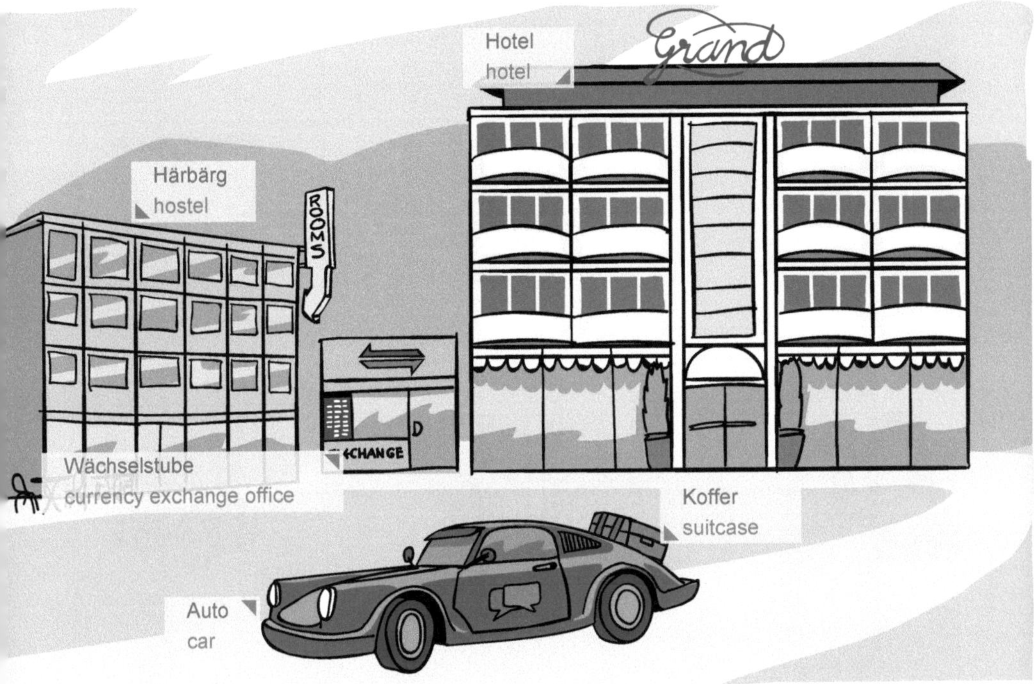

Sprach
language

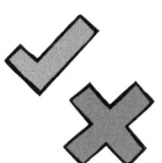

jo / nei
yes / no

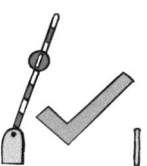

okay
Okay

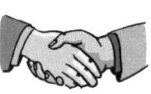

Hallo
hello

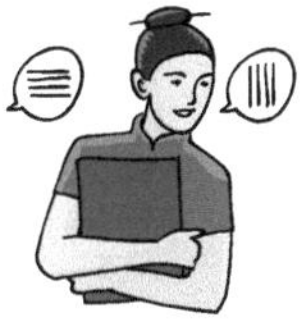

Dolmetscher
translator

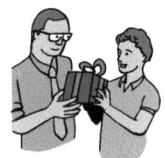

Dankä
Thank you

Was chostet…?

how much is…?

Ich vrstahs nöd

I don´t get it

Problem

problem

Guete Abig!

Good evening!

guete Morgä!

Good morning!

guete Abig!

Good night!

Uf Wiederseh

goodbye

Richtig

direction

Bagaasch

luggage

Täsche

bag

Rucksack

backpack

Gast

guest

Ruum

room

Schlafsack

sleeping bag

Zält

tent

Touristeninformation

tourist information

Strand

beach

Kreditkarte

credit card

Zmorge

breakfast

Zmittag

lunch

Znacht

dinner

Billet

Ticket

Ufzug

elevator

Briefmarke

stamp

Gränze

border

Zoll

customs

Botschaft

embassy

Visum

visa

Pass

passport

Transport
transport

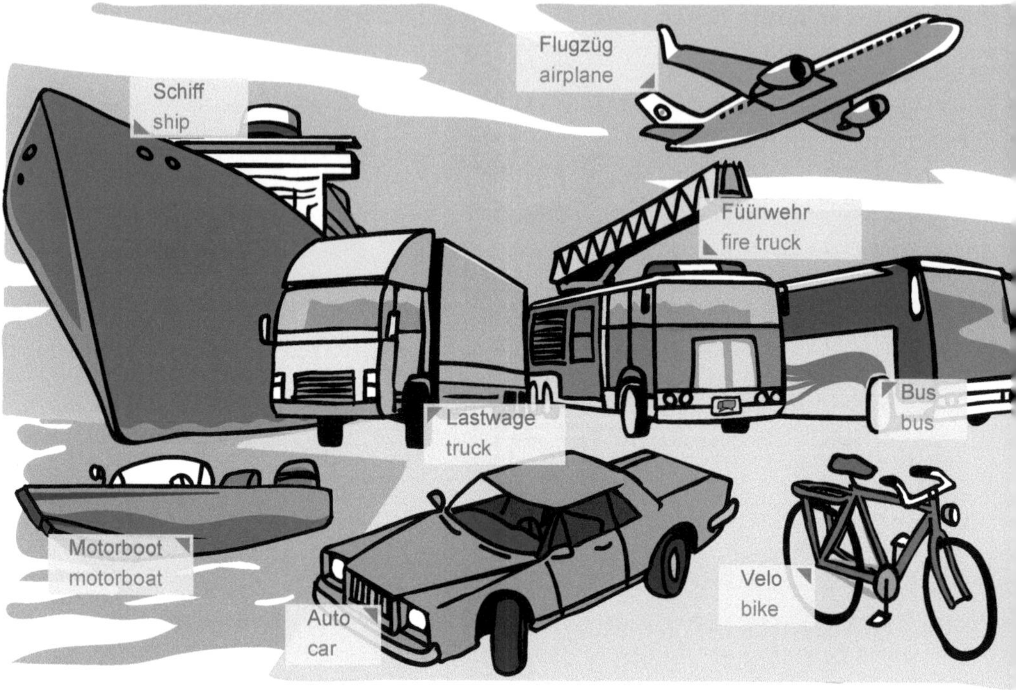
Flugzüg
airplane
Schiff
ship
Füürwehr
fire truck
Bus
bus
Lastwage
truck
Motorboot
motorboat
Velo
bike
Auto
car

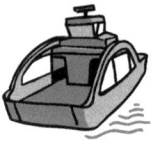

Fähri

ferry

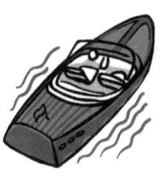

Boot

boat

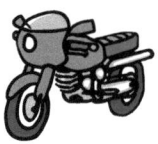

Töff

motorbike

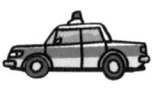

Polizeiauto

police car

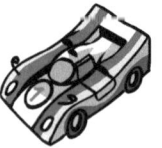

Rännauto

racing car

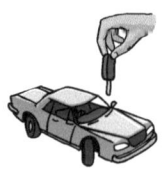

Mietwage

rental car

Carsharing

car sharing

Abschleppwage

tow truck

Chübelwage

garbage truck

Motor

engine

Benzin

fuel

Tankstell

fuel station

Verkehrsschild

traffic sign

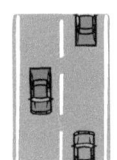

Verchehr

traffic

Stau

traffic jam

Parkplatz

parking lot

Bahnhof

train station

Schiene

tracks

Zug

train

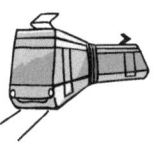

Strassebahn

tram

Wagon

wagon

Helikopter

helicopter

Flughafe

airport

Tower

tower

Passagier

passenger

Container

container

Karton

carton

Chare

cart

Korb

basket

starte / lande

take off / land

Stadt

city

Dorf

village

Stadtzentrum

city center

Huus

house

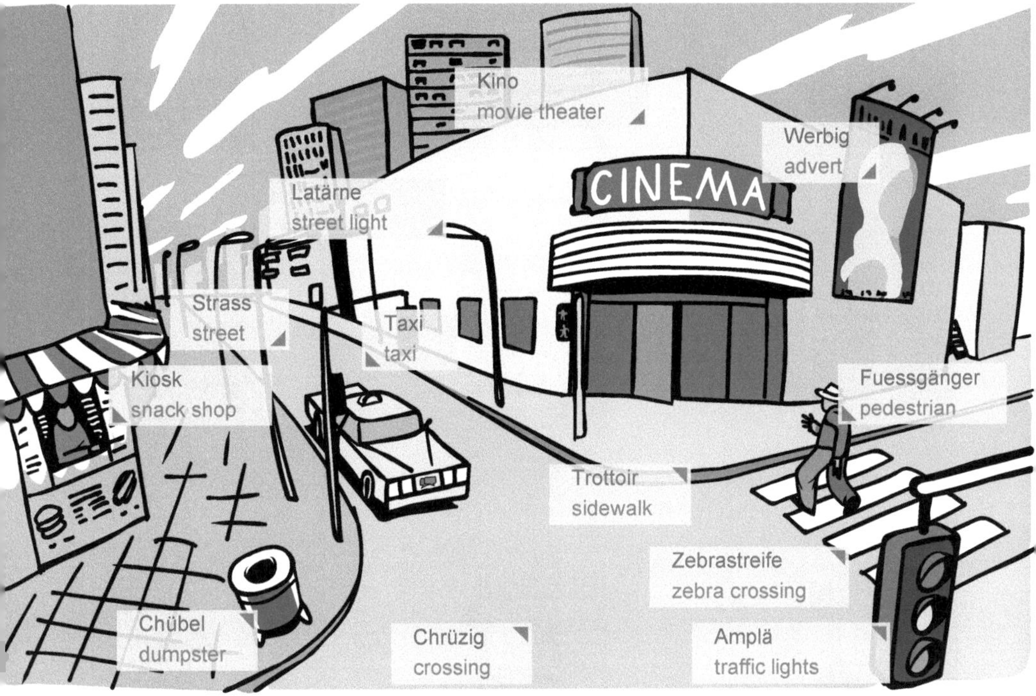

Kino
movie theater

Werbig
advert

Latärne
street light

CINEMA

Strass
street

Taxi
taxi

Kiosk
snack shop

Fuessgänger
pedestrian

Trottoir
sidewalk

Zebrastreife
zebra crossing

Chübel
dumpster

Chrüzig
crossing

Amplä
traffic lights

Hütte

hut

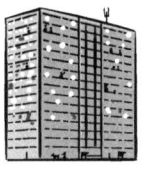

Wohnig

apartment

Bahnhof

train station

Gmeindshuus

city hall

Museum

museum

Schuel

school

Stadt - city

Universität
university

Bank
bank

Spital
hospital

Hotel
hotel

Apotheke
pharmacy

Büro
office

Buechgschäft
book shop

Gschäft
shop

Bluemelade
flower shop

Läbensmittellade
supermarket

Märt
market

Chaufhuus
department store

Fischhändler
fishmonger's shop

Iihkaufszentrum
mall

Hafe
harbor

Park

park

Bank

bench

Brugg

bridge

Stäge

stairs

U-Bahn

subway

Tunnell

tunnel

Bushaltestell

bus stop

Bar

bar

Restaurant

restaurant

Briefchastä

postbox

Strasseschild

street sign

Parkuhr

parking meter

Zolli

zoo

Badi

swimming pool

Moschee

mosque

Buurehof

farm

Umwältvrschmutzig

pollution

Fridhof

cemetery

Chile

church

Spielplatz

playground

Tämpel

temple

Landschaft
landscape

Blatt
leaf

Wägwiiser
signpost

Wäg
path

Wise
meadow

Stei
stone

Baum
tree

Wanderer
hiker

Fluss
river

Gras
grass

Bluamä
flower

Tal

valley

Bärg

hill

See

lake

Wald

forest

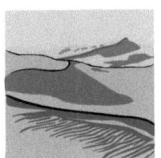

Wüeschti

desert

Vulkan

volcano

Schloss

castle

Rägeboge

rainbow

Pilz

mushroom

Palme

palm tree

Moskito

mosquito

Fliege

fly

Ameise

ant

Biendli

bee

Spinne

spider

Chäfer

beetle

Frosch

frog

Eichhörnli

squirrel

Igel

hedgehog

Haas

hare

Üle

owl

Vogu

bird

Schwan

swan

Wildschwein

boar

Hirsch

deer

Elch

moose

Damm

dam

Windturbine

wind turbine

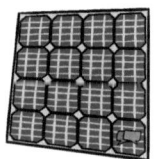

Sunnekollektor

solar panel

Klima

climate

Restaurant
restaurant

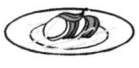

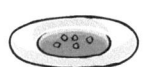

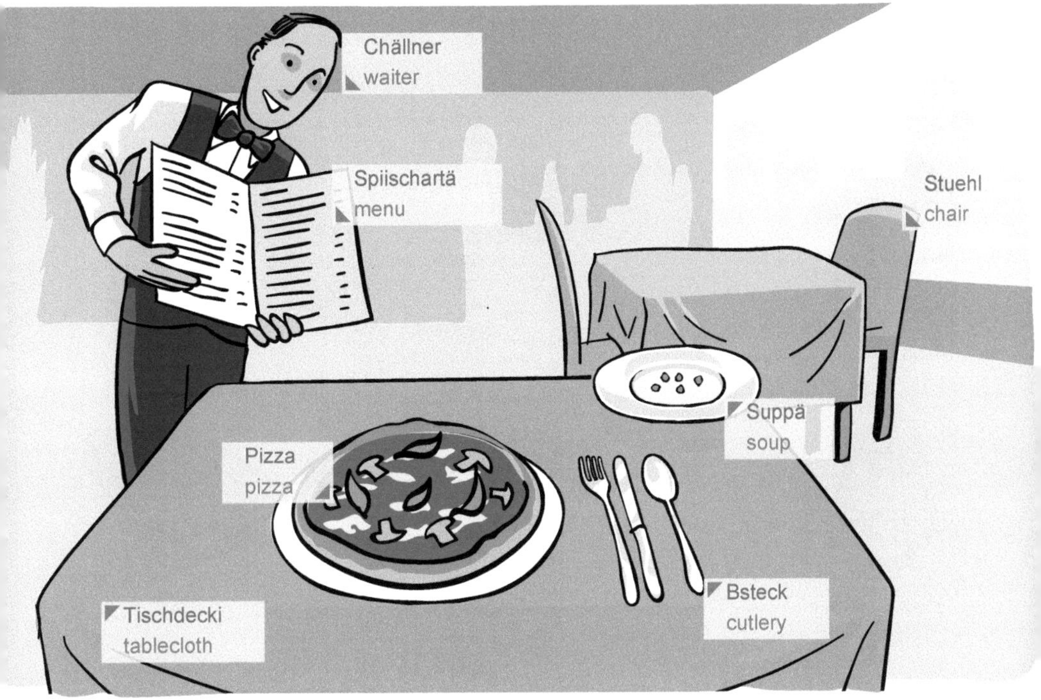

Chällner
waiter
Spiischartä
menu
Stuehl
chair
Suppä
soup
Pizza
pizza
Bsteck
cutlery
Tischdecki
tablecloth

Vorspiies

starter

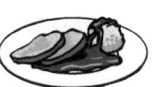

Hauptgricht

main course

Dessert

dessert

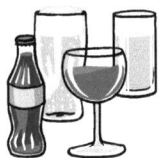

Getränk

drinks

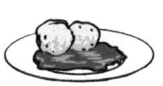

Läbensmittel

food

Fläsche

bottle

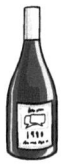

Fast Food

fast food

Street Food

street food

Teechanne

teapot

Zuckerdosä

sugar bowl

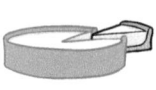

Portion

portion

Espressomaschine

espresso machine

Hochstuehl

high chair

Rächnig

bill

Tablett

tray

Mässer

knife

Gable

fork

Löffel

spoon

Teelöffel

teaspoon

Serviette

serviette

Glas

glass

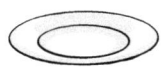

Täller

plate

Suppetällär

soup plate

Untertasse

saucer

Sose

sauce

Salzstreuer

salt shaker

Pfäffermühli

pepper mill

Essig

vinegar

Öl

oil

Gwürz

spices

Ketchup

ketchup

Sänf

mustard

Mayonnaise

mayonnaise

Läbensmittellade

supermarket

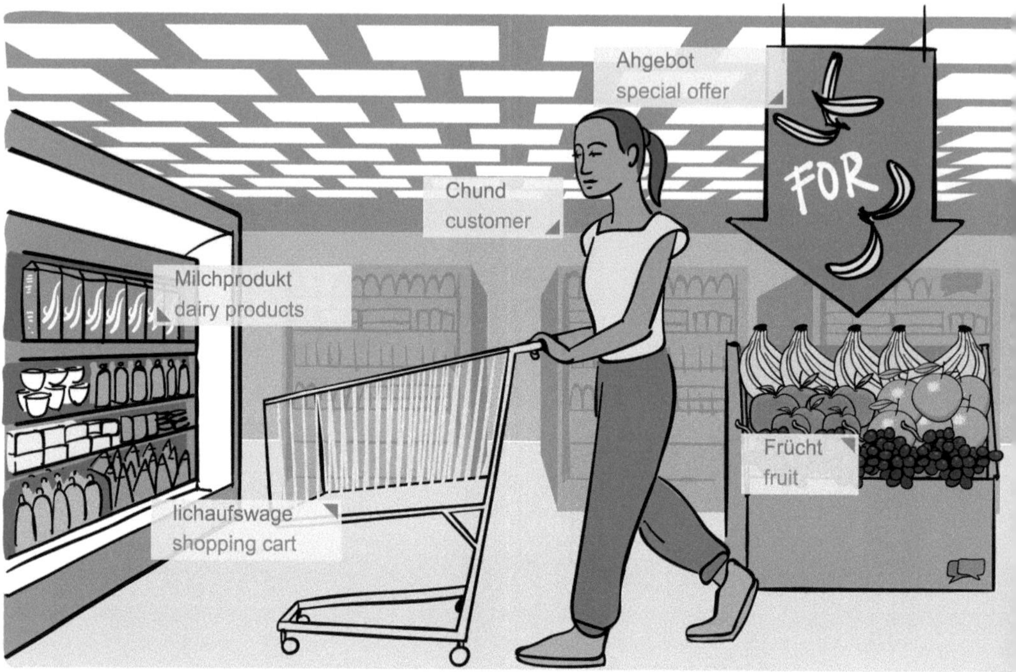

Ahgebot
special offer
FOR
Chund
customer
Milchprodukt
dairy products
Frücht
fruit
Iichaufswage
shopping cart

BUTCHERS

Schlachter

butcher's shop

BAKERY

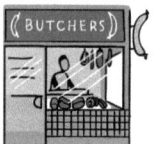

Beck

bakery

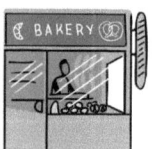

wiege

weigh

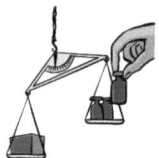

Gmües

vegetables

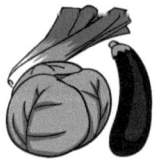

Fleisch

meat

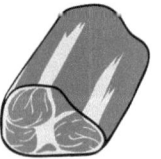

Tiefkühlprodukt

frozen food

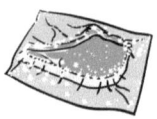

Ufschnitt

cold cuts

die Konsärve

canned food

Wöschmittel

detergent

Süessigkeite

candy

Huushaltartikel

household products

Putzmittel

cleaning products

Verchäuferin

sales representative

Kassä

cash register

Kassierer

cashier

Ihchaufsliste

shopping list

Öffnigszite

opening hours

das Portemonnaie

wallet

Kreditkarte

credit card

Täsche

bag

Plastiksack

plastic bag

Wasser

water

Saft

juice

Milch

milk

Cola

coke

Wii

wine

Bier

beer

Alkohol

alcohol

Ovi

cocoa

Tee

tea

Kafi

coffee

Espresso

espresso

Cappuccino

cappuccino

Banane

banana

Öpfel

apple

Orange

orange

Melone

melon

Zitrone

lemon

Rüebli

carrot

Chnoobli

garlic

Bambus

bamboo

Zwiblä

onion

Pilz

mushroom

Nüss

nuts

Nudle

noodles

Spaghetti

spaghetti

Riis

rice

Salat

salad

Pommfrit

fries

Bratherdöpfel

fried potatoes

Pizza

pizza

Hamburgär

hamburger

Sandwich

sandwich

Gotlett

escalope

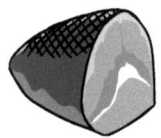

Schinkä

ham

Salami

salami

Würschtli

sausage

Huehn

chicken

Bratä

roast

Fisch

fish

Haferflocke

porridge oats

Müesli

muesli

Cornflakes

cornflakes

Mähl

flour

Gipfeli

croissant

Brötli

bread roll

Brot

bread

Toscht

toast

Guetzli

cookies

Butter

butter

Quark

curd

Chueche

cake

Ei

egg

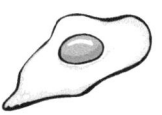

Spiegelei

fried egg

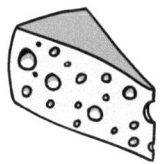

Chäs

cheese

Glace

ice cream

Zucker

sugar

Honig

honey

Gonfi

jelly

Nougat-Creme

nougat cream

Curry

curry

Buurehof
farm

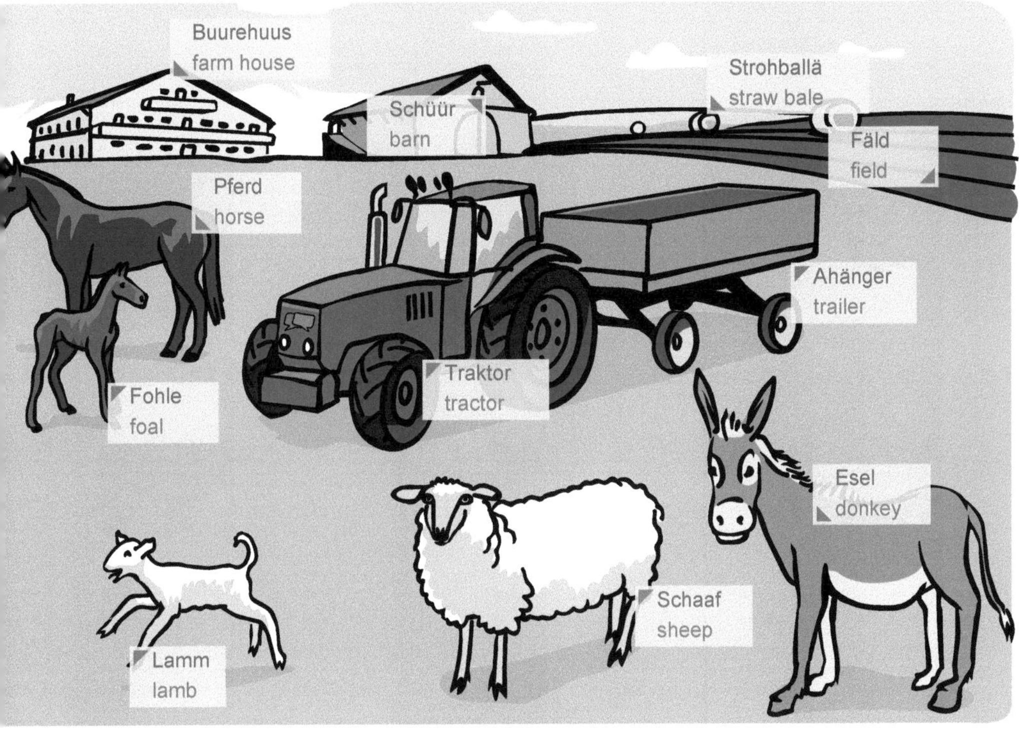
Buurehuus
farm house
Schüür
barn
Strohballä
straw bale
Fäld
field
Pferd
horse
Ahänger
trailer
Traktor
tractor
Fohle
foal
Esel
donkey
Schaaf
sheep
Lamm
lamb

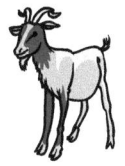

Geiss

goat

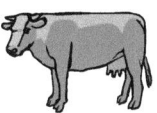

Chueh

cow

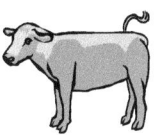

Chalb

calf

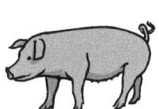

Sau

pig

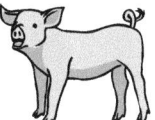

Ferkel

piglet

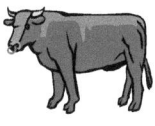

Rind

bull

Gans

goose

Änte

duck

Küke

chick

Huähn

hen

Güggel

cockerel

Ratte

rat

Chatz

cat

Muus

mouse

Ochse

ox

Hund

dog

Hundehütte

dog house

Garteschluuch

garden hose

Giesschanne

watering can

Sägese

scythe

Pflueg

plow

Sichel

sickle

Hacke

hoe

Heugable

pitchfork

Axt

axe

Garette

pushcart

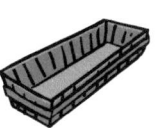

Trog

trough

Milchchanne

milk can

Sack

sack

Haag

fence

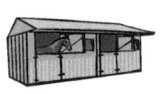

Gadä

stable

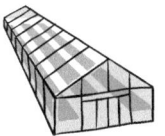

Gwächshuus

greenhouse

Bode

soil

Soome

seed

Dünger

fertilizer

Mähdrescher

combine harvester

ärnte

harvest

Ärnte

harvest

Yamswurzle

yams

Weize

wheat

Soja

soya

Härdöpfel

potato

Mais

corn

Raps

rapeseed

Obstbaum

fruit tree

Maniok

manioc

Getreide

grain

Huus
house

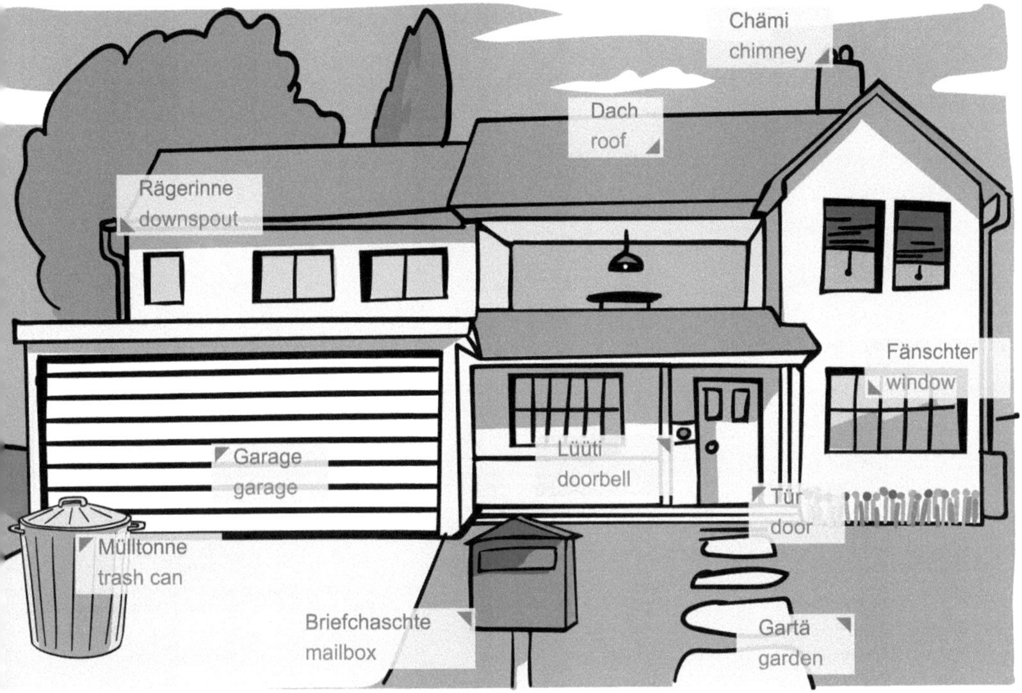
Chämi
chimney
Dach
roof
Rägerinne
downspout
Fänschter
window
Garage
garage
Lüüti
doorbell
Tür
door
Mülltonne
trash can
Briefchaschte
mailbox
Gartä
garden

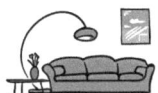

Stubä

living room

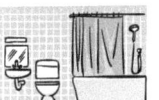

Badzimmer

bathroom

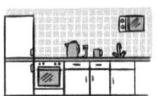

Chuchi

kitchen

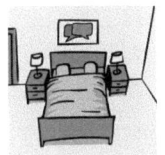

Schlofzimmer

bedroom

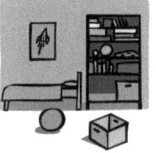

Chinderzimmer

kids room

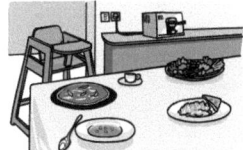

Ässzimmer

dining room

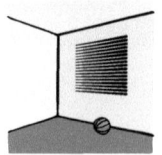

Bodä

floor

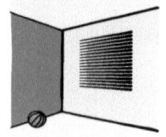

Wand

wall

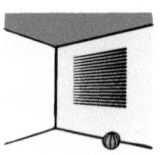

Decki

ceiling

Chäller

cellar

Sauna

sauna

Balkon

balcony

Terasse

terrace

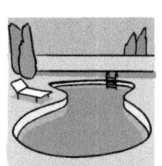

Pool

pool

Rasemäier

lawn mower

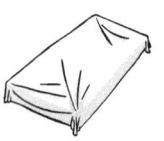

Bettbezug

sheet

Bettdecki

bedspread

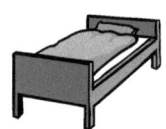

Bett

bed

Bäse

broom

Chübel

bucket

Schalter

switch

Stubä
living room

Tapete
wallpaper
Bild
picture
Lampä
lamp
Regal
shelf
Schrank
cabinet
Färnseh
television
Kamin
fireplace
Bluamä
flower
Chüssi
cushion
Sofa
sofa
Vasä
vase
Färnbedienig
remote control

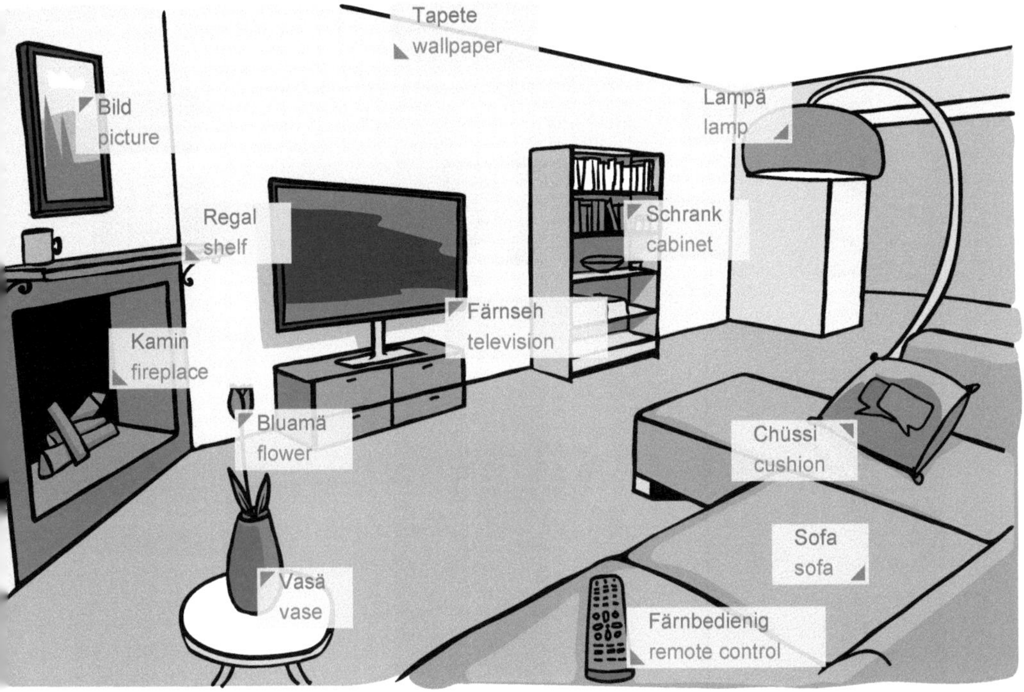

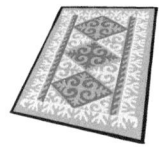

Teppich

carpet

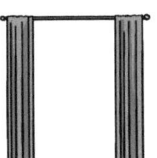

Vorhang

drape

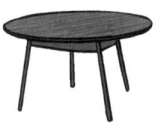

Tisch

table

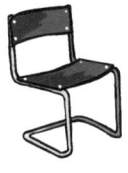

Stuehl

chair

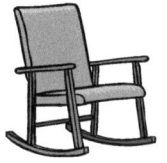

Schaukelstuehl

rocking chair

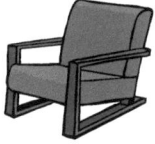

Sässel

armchair

Buech

book

Decki

blanket

Dekoration

decoration

Füürholz

firewood

Film

film

Stereoahlag

stereo system

Schlüssel

key

Ziitig

newspaper

Bild

painting

Poster

poster

Radio

radio

Notizblock

notebook

Staubsuuger

vacuum cleaner

Kaktus

cactus

Chärze

candle

Chuchi
kitchen

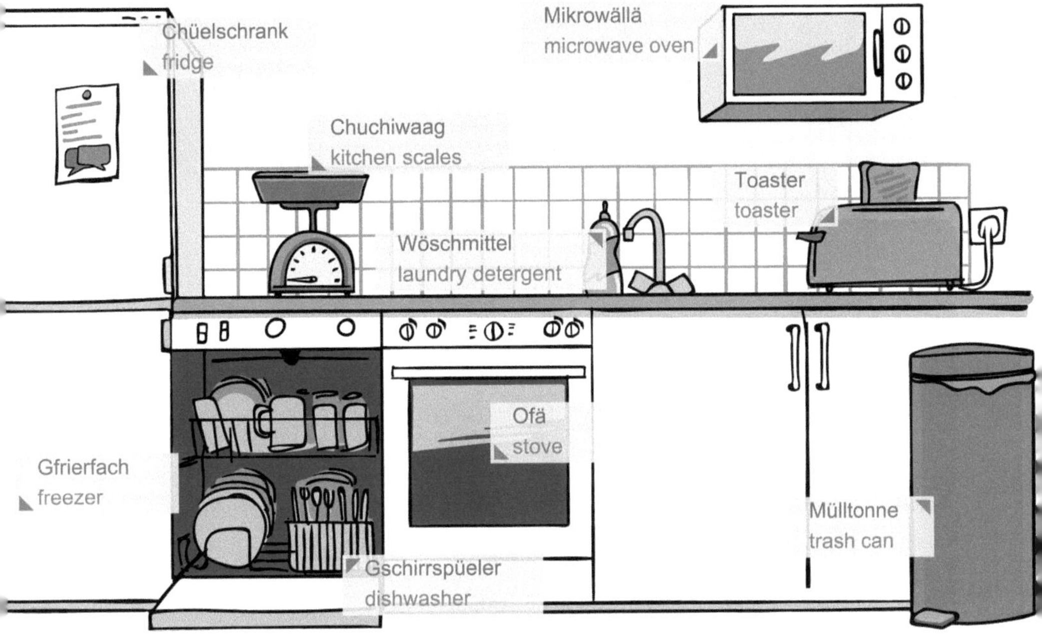

Chüelschrank
fridge
Mikrowällä
microwave oven
Chuchiwaag
kitchen scales
Toaster
toaster
Wöschmittel
laundry detergent
Ofä
stove
Gfrierfach
freezer
Mülltonne
trash can
Gschirrspüeler
dishwasher

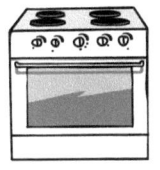

Härd
cooker

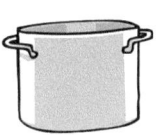

Topf
pot

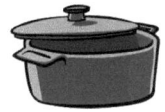

Iisetopf
cast-iron pot

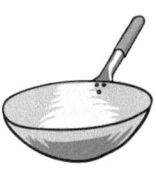

Wok / Kadai
wok / kadai

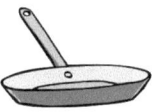

Pfanne
pan

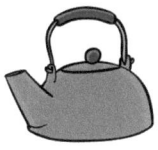

Wasserchocher
kettle

Dampfer

steamer

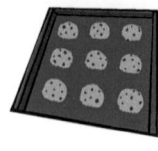

Bachbläch

baking tray

Gschirr

crockery

Bächer

mug

Schale

bowl

Stäbli

chopsticks

Suppechellä

ladle

Pfannewänder

spatula

Schneebäse

whisk

Sieb

strainer

Sieb

sieve

Raffle

grater

Mörser

mortar

Grill

barbecue

Füürstell

fireplace

Schniidbrätt

chopping board

Nudelholz

rolling pin

Korkäzieher

corkscrew

Dosä

can

Dosäöffner

can opener

Topflappä

oven cloth

Wöschbecki

sink

Bürste

brush

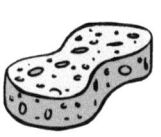

Schwumm

sponge

Mixer

blender

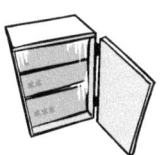

Gfrierschrank

deep freezer

Babyfläschli

baby bottle

Hahnä

tap

Badzimmer
bathroom

Heizig
heating
Handtuech
towel
Duschi
shower
Duschvorhang
shower curtain
Schumbad
bubble bath
Badwanne
bathtub
Wöschmaschine
washing machine
Fliesä
tiles
Glas
glass
Hahnä
tap
Töpfli
potty
Wöschbecki
sink

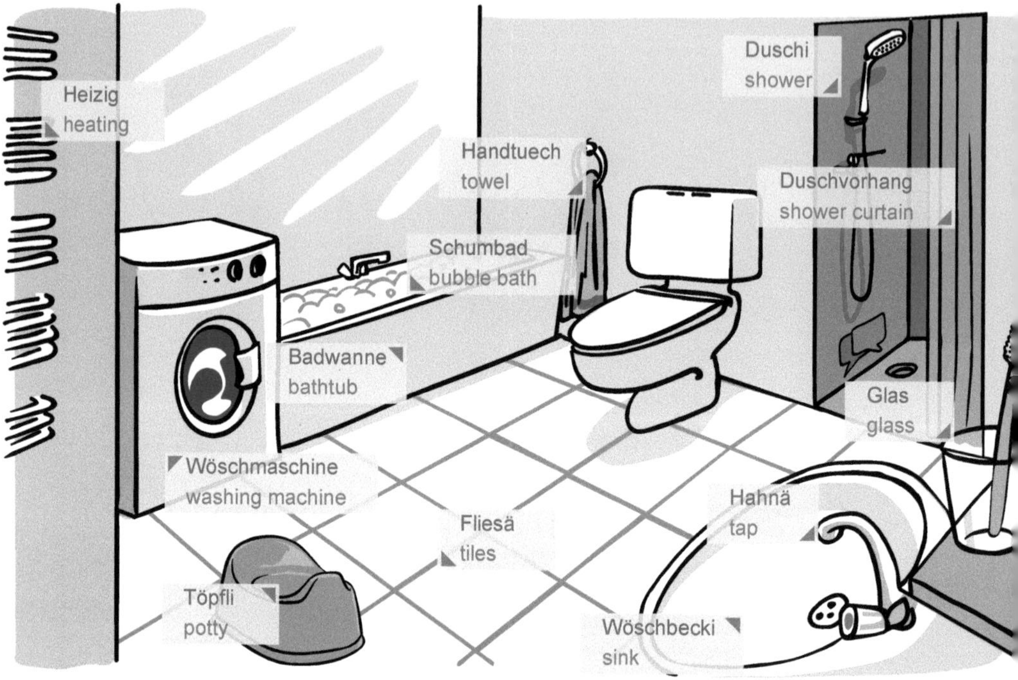

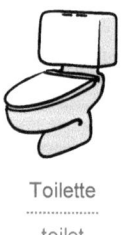

Toilette

toilet

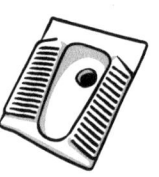

Plumpsklo

squat toilet

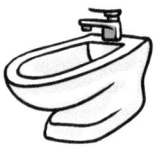

Bidet

bidet

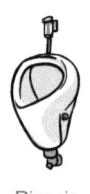

Pissoir

urinal

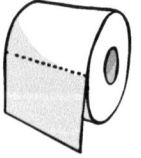

Toilettepapier

toilet paper

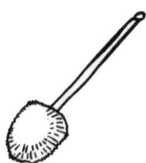

Toilettebürschteli

toilet brush

Zahbürstä

toothbrush

Zahpasta

toothpaste

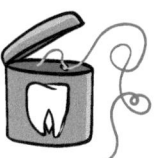

Zahnsiide

dental floss

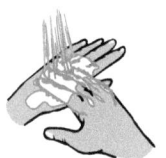

wäsche

wash

Handduschi

hand shower

Intiimduschi

douche

Wöschbecki

basin

Ruggäbürste

back brush

Seifä

soap

Duschgel

shower gel

Shampoo

shampoo

Waschlappä

flannel

Abfluss

drain

Creme

creme

Deo

deodorant

Spiegel

mirror

Handspiegel

hand mirror

Rasierer

razor

Rasierschuum

shaving foam

Aftershave

aftershave

Schträäl

comb

Bürstä

brush

Föhn

hair-dryer

Hoorspray

hairspray

Makeup

makeup

Lippestift

lipstick

Nagellack

nail varnish

Wattä

cotton wool

Nagelscher

nail scissors

Parfum

perfume

Necessaire

washbag

Schemel

stool

Waag

weighing scales

Badmantel

bathrobe

Gummihändscheh

rubber gloves

Tampon

tampon

Damebinde

sanitary towel

chemischi Toilette

chemical toilet

Chinderzimmer

kids room

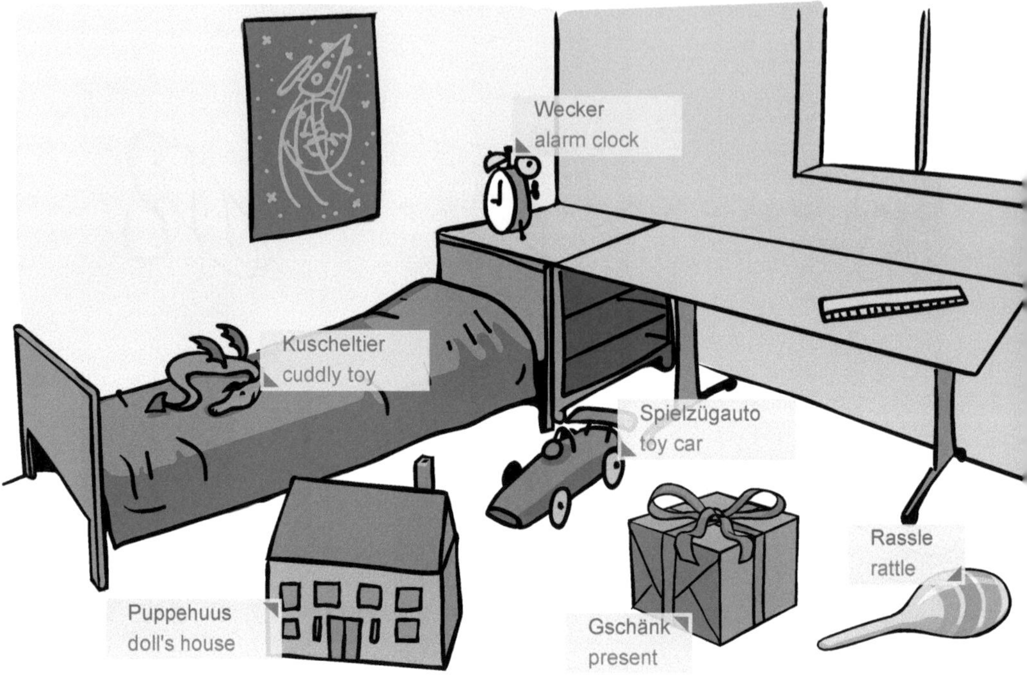

Wecker
alarm clock
Kuscheltier
cuddly toy
Spielzügauto
toy car
Rassle
rattle
Puppehuus
doll's house
Gschänk
present

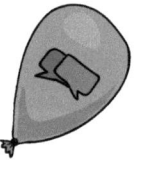

Ballon

balloon

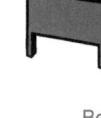

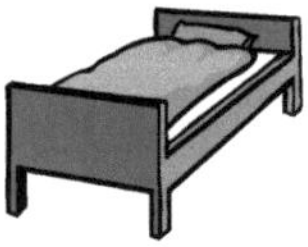

Bett

bed

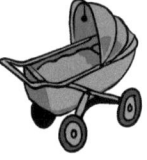

Chinderwage

stroller

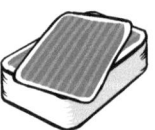

Chartespiel

deck of cards

Puzzle

jigsaw

SUPER
MEGA

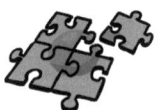

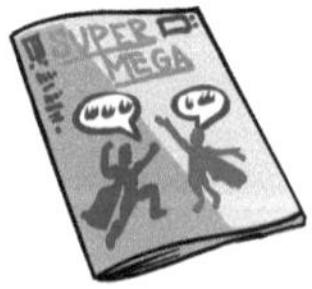

Comic

comic

Legos

lego bricks

Baustei

toy blocks

Action Figur

action figure

Strampli

romper suit

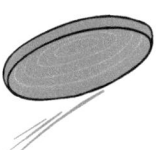

Frisbee

frisbee

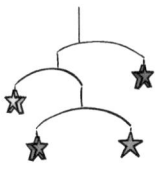

Mobile

mobile

Brättspiel

board game

Würfäl

dice

Modellisebahn

model train set

Nuggi

pacifier

Party

party

Bilderbuch

picture book

Ball

ball

Puppä

doll

spiele

play

Sandchaschte

sandpit

Gigampfi

swing

Spielzüg

toys

Videospielkonsole

video game console

Dreirad

tricycle

Teddy

teddy bear

Chleiderschrank

wardrobe

Chleidig
clothing

Sockä

socks

Strümpf

stockings

Strumpfhosä

tights

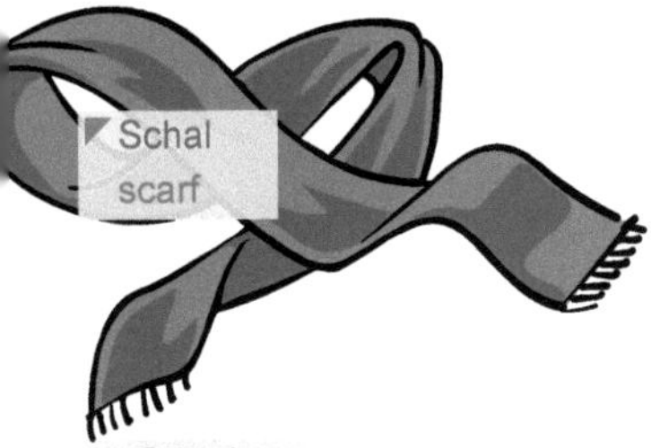

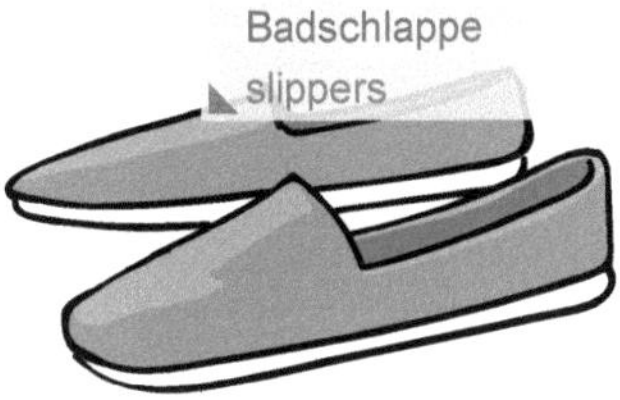

Schal
scarf

Rägeschirm
umbrella

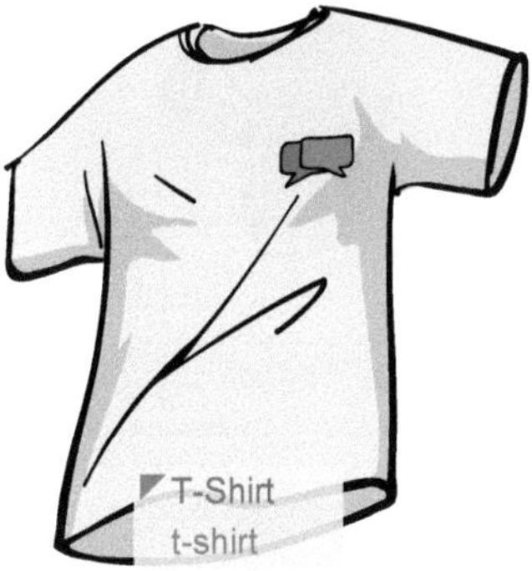

T-Shirt
t-shirt

Gürtel
belt

Stiefel
boots

Badschlappe
slippers

Turnschueh
sneakers

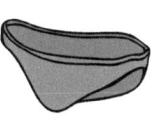

Sandalä
sandals

Schueh
shoes

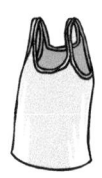

Gummistiefel
rubber boots

Untrhosä
underwear

BH
bra

Underlibli
undershirt

Body

body

Hosä

pants

Jeans

jeans

Rock

skirt

Bluse

blouse

Hömli

shirt

Pulli

pullover

Kapuzepulli

sweater

Blazer

blazer

Jacke

jacket

Mantel

coat

Rägämantel

raincoat

Chostüm

costume

Chleid

dress

Hochziitskleid

wedding dress

Ahzug

suit

Nachthömli

nightgown

Pyjama

pajamas

Sari

sari

Chopftuäch

headscarf

Turban

turban

Burka

burka

Kaftan

kaftan

Abaya

abaya

Badchleid

swimsuit

Badhose

trunks

churzi Hosä

shorts

Trainer

tracksuit

Schürze

apron

Händsche

gloves

Chnopf

button

Brüllä

glasses

Armband

bracelet

Chetti

necklace

Ring

ring

Ohrering

earring

Chappe

cap

Chleiderbügel

coat hanger

Huet

hat

Grawattä

tie

Riissverschluss

zip

Helm

helmet

Hosäträger

braces

Schueluniform

school uniform

Uniform

uniform

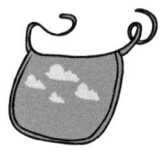

Lätzli

bib

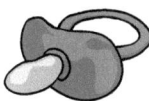

Nuggi

pacifier

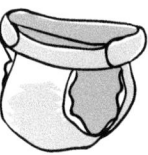

Windle

diaper

Büro
office

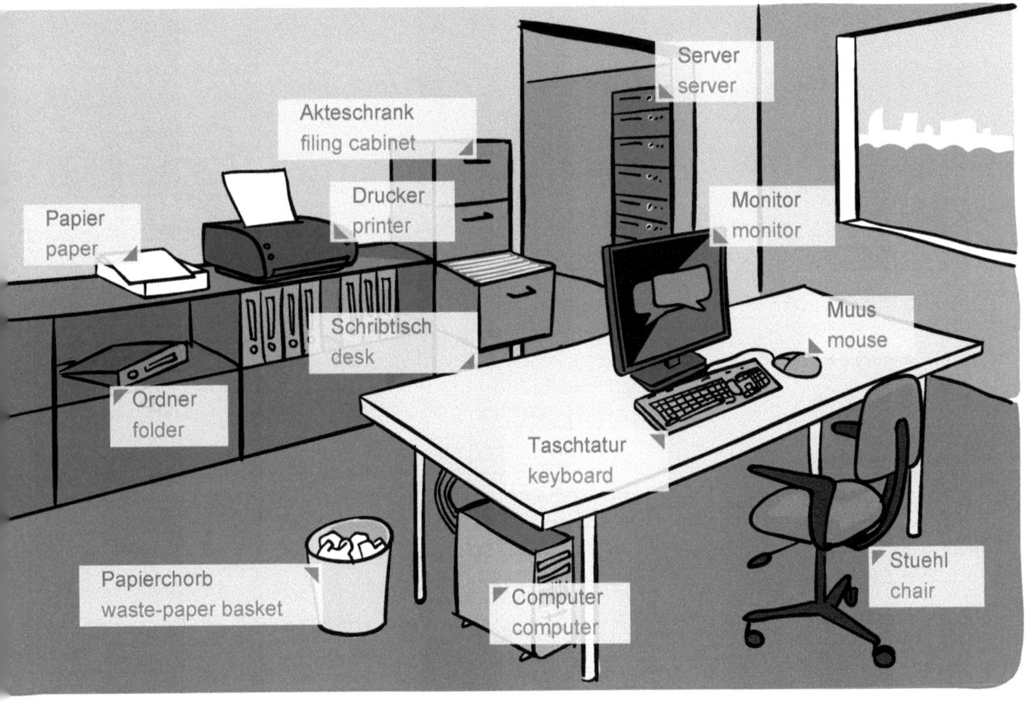

Server
server
Akteschrank
filing cabinet
Drucker
printer
Papier
paper
Monitor
monitor
Muus
mouse
Schribtisch
desk
Ordner
folder
Taschtatur
keyboard
Papierchorb
waste-paper basket
Computer
computer
Stuehl
chair

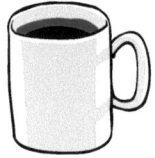

Kafibächer

coffee mug

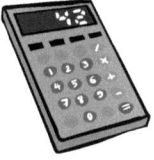

Tascherächner

calculator

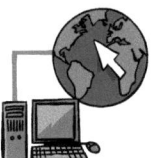

Internet

internet

Laptop

laptop

Brief

letter

Nochricht

message

Mobiltelefon

cell phone

Netzwärk

network

Kopierer

photocopier

Software

software

Telefon

telephone

Steckdosä

plug socket

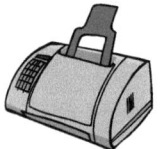

Fax

fax machine

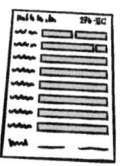

Formular

form

Dokumänt

document

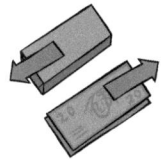

chaufe

buy

zahle

pay

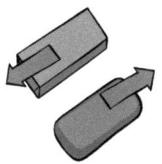

handle

trade

Gäld

money

**USD**

Dollar

dollar

**EUR**

Euro

euro

**JPY**

Yen

yen

**RUB**

Rubel

rouble

**CHF**

Frankä

Swiss franc

**CNY**

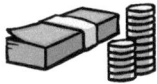

Renminbi Yuan

renminbi yuan

**INR**

Rupie

rupee

Gäldautomat

cash point

Wächselstube

currency exchange office

Gold

gold

Silber

silver

Öl

oil

Energie

energy

Priis

price

Vertrag

contract

Stüür

tax

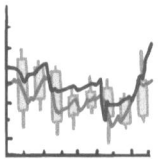

Aktie

stock

schaffe

work

Mitarbeiter

employee

Arbeitgeber

employer

Fabrik

factory

Gschäft

shop

Brüef
occupations

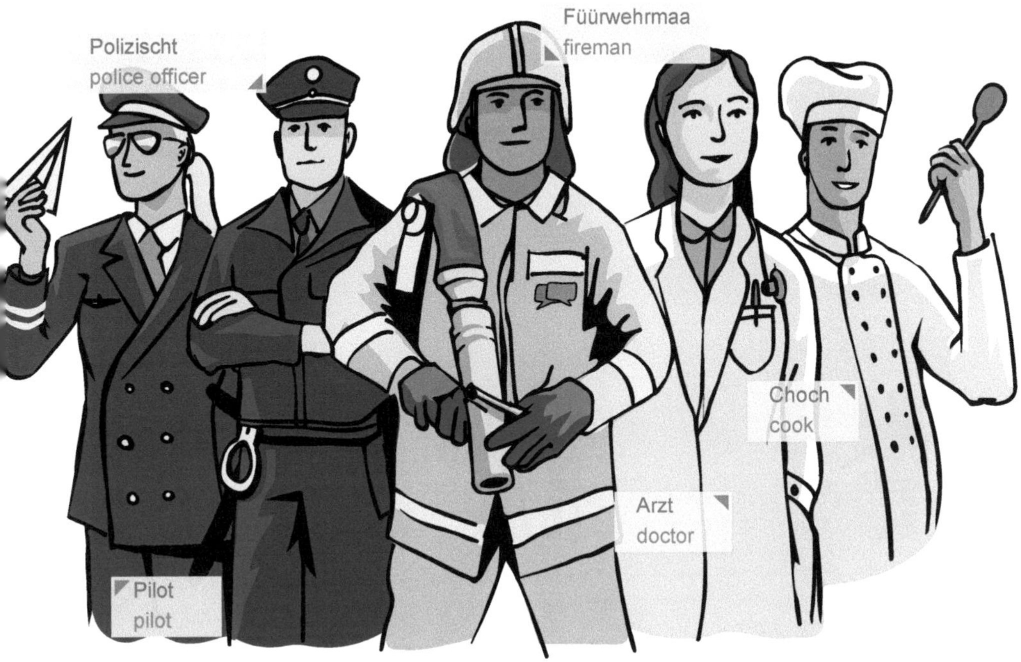

Füürwehrmaa
fireman
Polizischt
police officer
Choch
cook
Arzt
doctor
Pilot
pilot

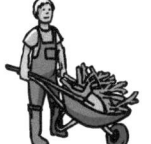

Gärtner

gardener

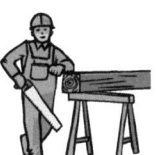

Zimmermah

carpenter

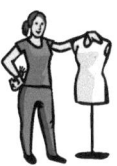

Näheri

seamstress

Richter

judge

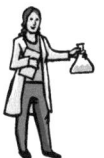

Chemiker

chemist

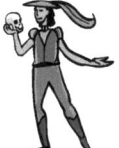

Darsteller

actor

Busfahrer

bus driver

Taxifahrer

taxi driver

Fischer

fisherman

Putzfrau

cleaning lady

Dachdecker

roofer

Chällner

waiter

Jäger

hunter

Moler

painter

Bäcker

baker

Elektriker

electrician

Bauarbeiter

builder

Ingenieur

engineer

Schlachter

butcher

Klämpner

plumber

Pöschtler

postman

Soldat

soldier

Architekt

architect

Kassierer

cashier

Florischt

florist

Frisör

hairdresser

Kontrolleur

conductor

Mechaniker

mechanic

Kapitän

captain

Zahnarzt

dentist

Wüsseschaftler

scientist

Rabbi

rabbi

Imam

imam

Mönch

monk

Pfarrer

pastor

Werkzüüg

tools

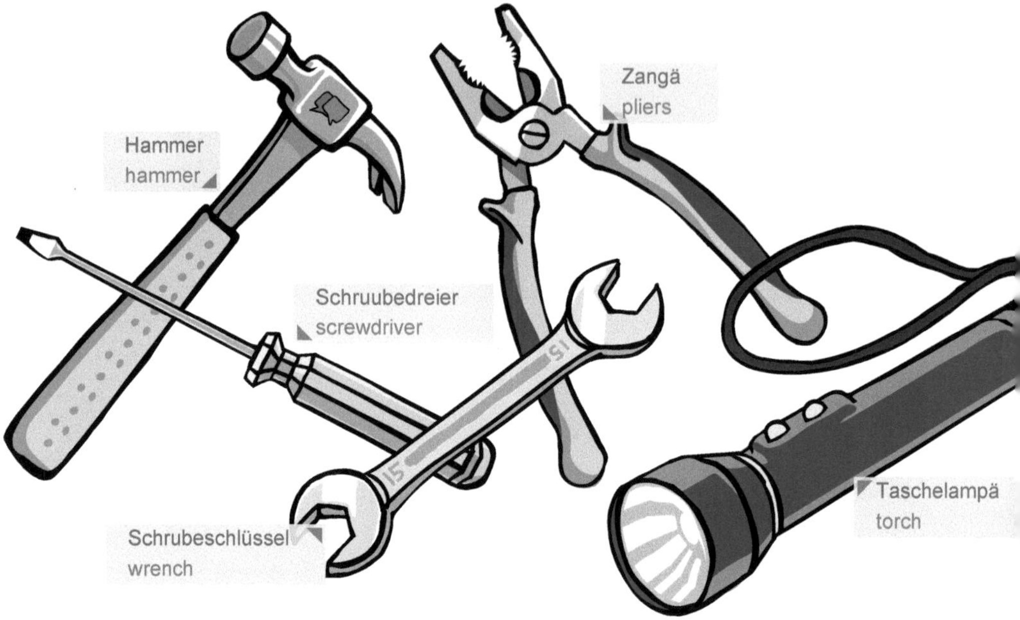

Hammer
hammer
Zangä
pliers
Schruubedreier
screwdriver
Schrubeschlüssel
wrench
Taschelampä
torch

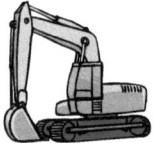

Bagger

excavator

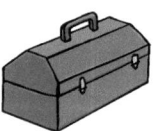

Werkzüügchaschte

toolbox

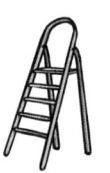

Leitere

ladder

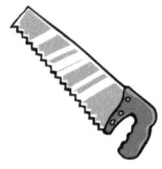

Sagi

saw

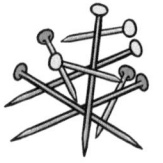

Negel

nails

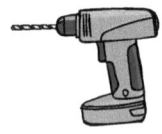

Bohrer

drill

flicke
repair

Schufle
shovel

Mischt!
Damn!

Ascheschufle
dustpan

Farbchübel
paint can

Schruube
screws

Musiginstrumänt
musical instruments

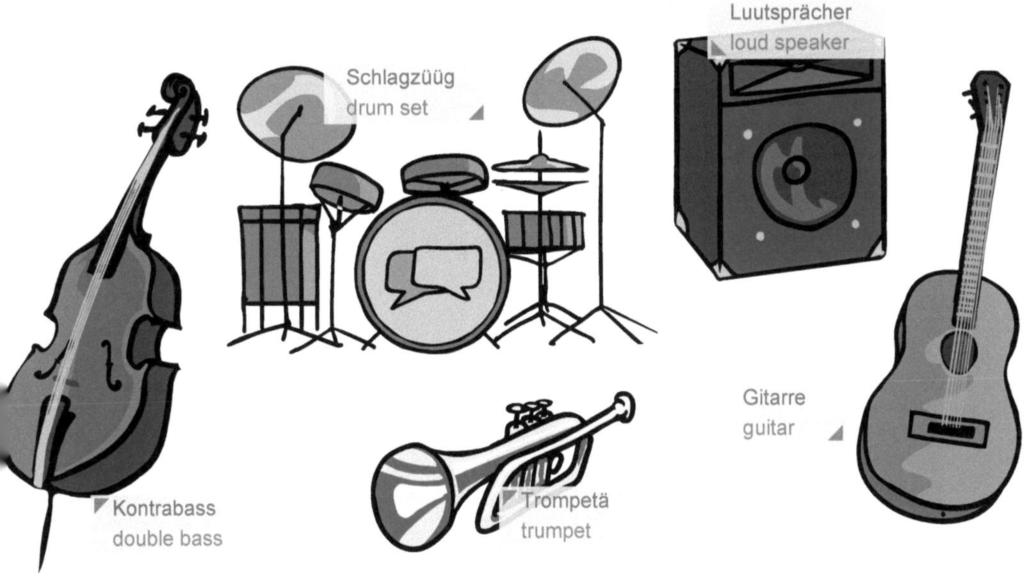

Luutsprächer
loud speaker

Schlagzüüg
drum set

Gitarre
guitar

Kontrabass
double bass

Trompetä
trumpet

Klavier

piano

Violine

violin

Bass

bass

Pauke

timpani

Trummle

drums

Keyboard

keyboard

Saxophon

saxophone

Flöte

flute

Mikrofon

microphone

Zolli
zoo

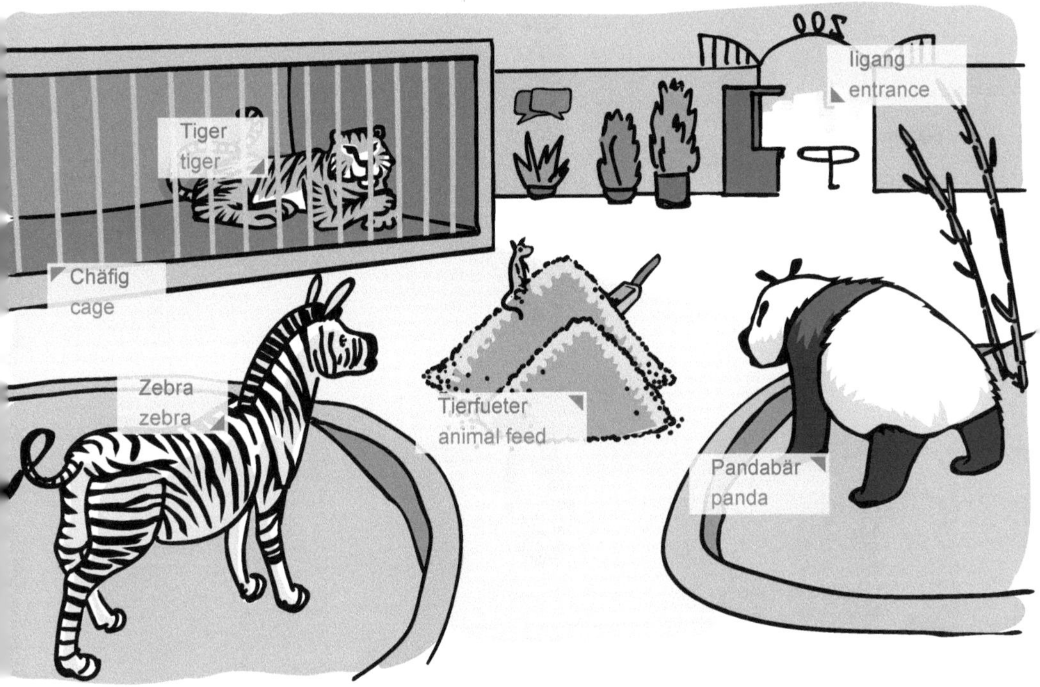

Tiger
tiger
Chäfig
cage
Zebra
zebra
Tierfueter
animal feed
Pandabär
panda
Iigang
entrance

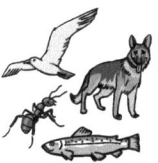

Tier

animals

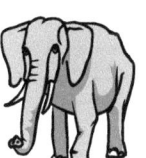

Elefant

elephant

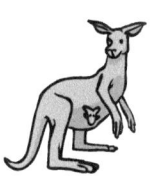

Känguru

kangaroo

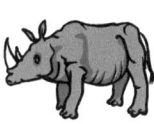

Nashorn

rhino

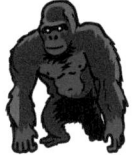

Gorilla

gorilla

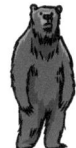

Bär

bear

Kamel

camel

Struss

ostrich

Leu

lion

Aff

monkey

Flamingo

flamingo

Papagei

parrot

Iisbär

polar bear

Pinguin

penguin

Hai

shark

Pfau

peacock

Schlangä

snake

Krokodil

crocodile

Zoowärter

zookeeper

Robbä

seal

Jaguar

jaguar

Pony

pony

Leopard

leopard

Nilpfärd

hippo

Giraff

giraffe

Adler

eagle

Wildschwein

boar

Fisch

fish

Schildkrot

turtle

Walross

walrus

Fuchs

fox

Gazelle

gazelle

Sport
sports

American Football
American football

Velofahre
cycling

Tennis
tennis

Basketball
basketball

Schwümmä
swimming

Boxä
boxing

lishockey
ice hockey

Fuessball
soccer

Badminton
badminton

Liechtathletik
athletics

Handball
handball

Skifahre
skiing

Polo
polo

Aktivitäte
activities

springä
jump
umarme
hug
lachä
laugh
gah
walk
singe
sing
troime
dream
bätte
pray
küssä
kiss

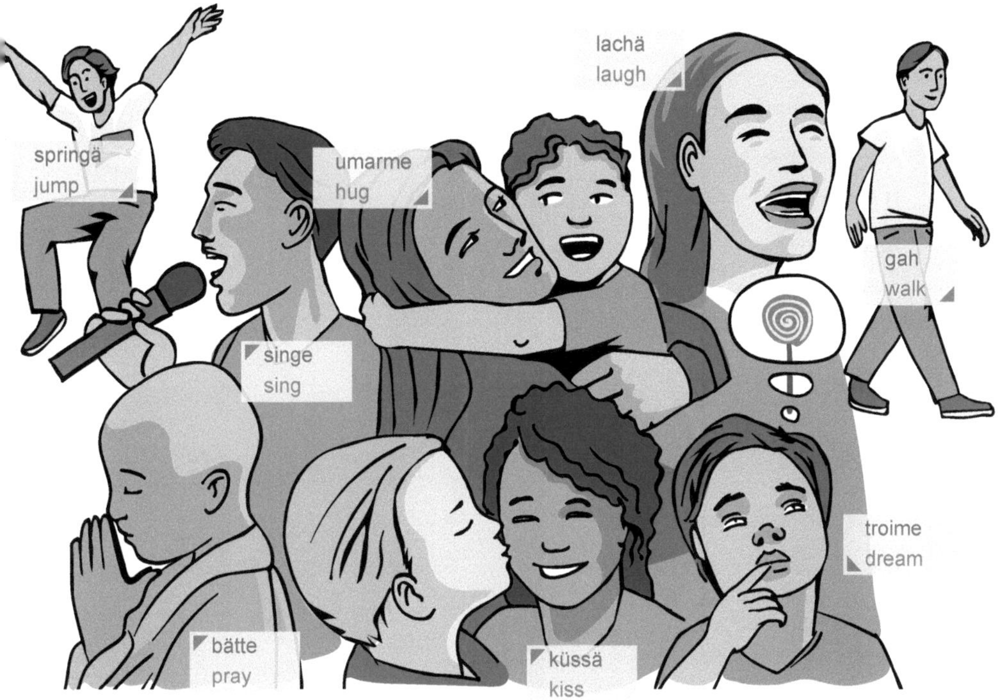

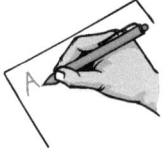

schribe
write

zeichne
draw

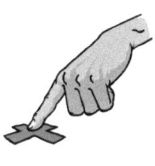

zeige
show

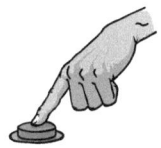

schiebe
push

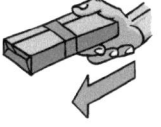

gäh
give

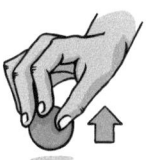

näh
take

händ

have

mache

do

sy

be

stah

stand

laufe

run

zieh

pull

rüerä

throw

fallä

fall

ligge

lie

warte

wait

träge

carry

sitze

sit

ahzieh

get dressed

schlafe

sleep

ufwache

wake up

ahluege

look at

brüele

cry

striichle

stroke

bürste

comb

redä

talk

verschtah

understand

froog

ask

lose

listen

trinke

drink

ässe

eat

ufruume

tidy up

liebe

love

chochä

cook

fahre

drive

flüge

fly

segle

sail

rächne

calculate

läse

read

leerä

learn

schaffe

work

hürate

marry

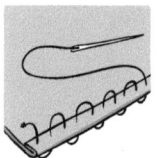

näije

sew

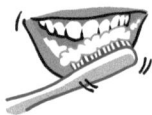

Zäh putze

brush teeth

töte

kill

schlootä

smoke

sände

send

Familiä
family

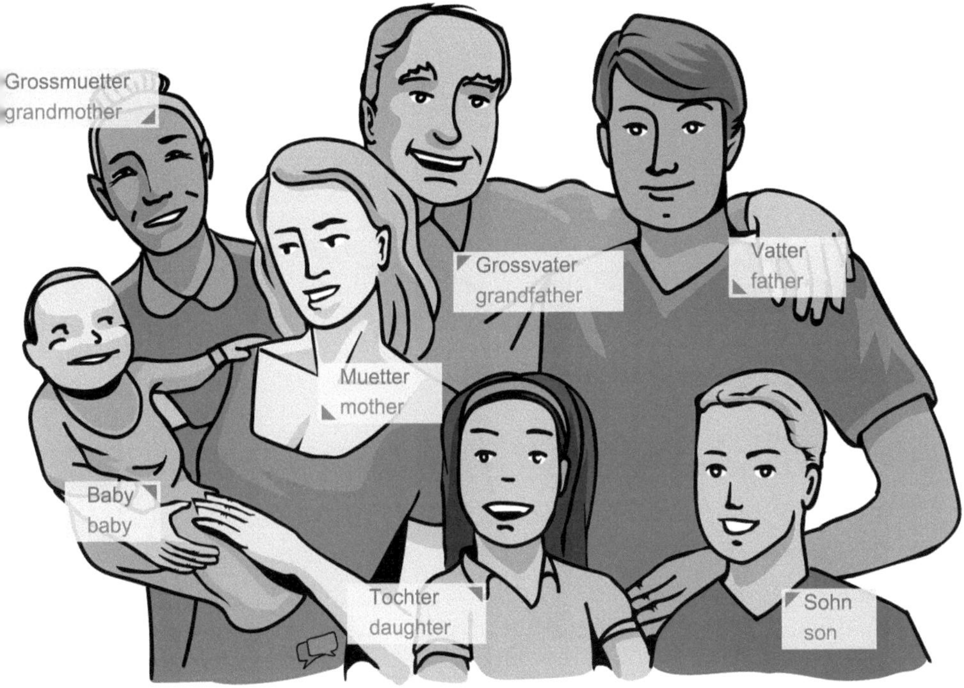
Grossmuetter
grandmother
Grossvater
grandfather
Vatter
father
Muetter
mother
Baby
baby
Tochter
daughter
Sohn
son

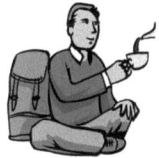

Gast
guest

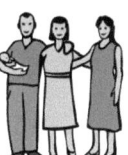

Tante
aunt

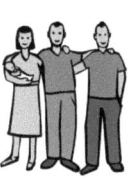

Unkel
uncle

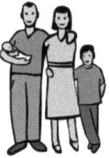

Brüeder
brother

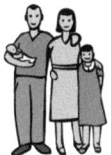

Schwöschter
sister

Körpär

body

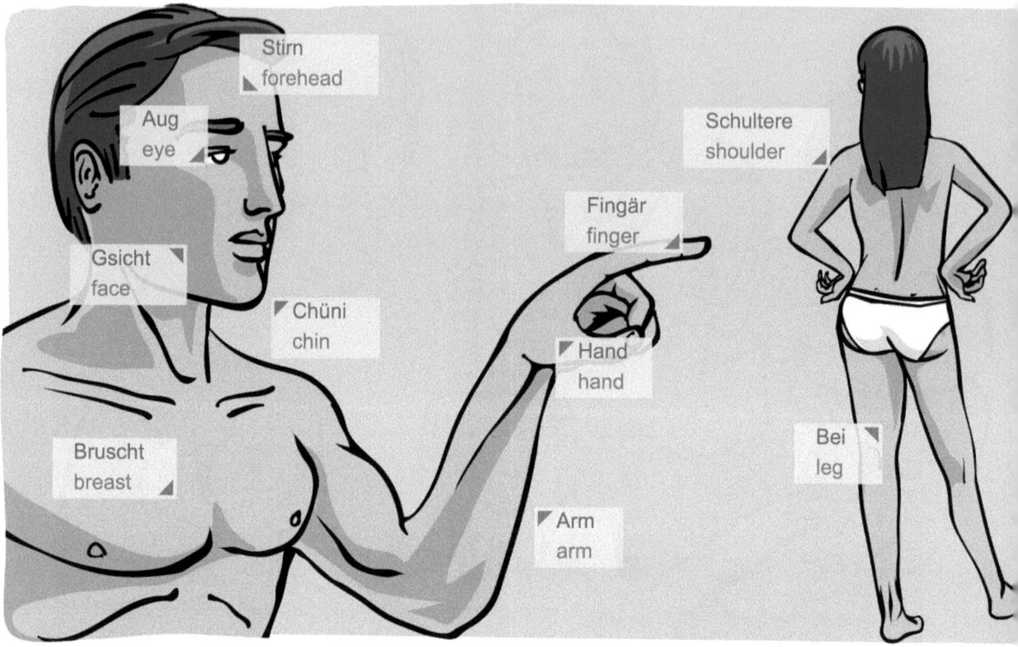

Stirn
forehead

Aug
eye

Schultere
shoulder

Fingär
finger

Gsicht
face

Chüni
chin

Hand
hand

Bruscht
breast

Bei
leg

Arm
arm

Baby

baby

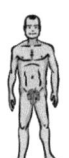

Mah

man

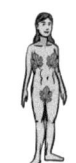

Frau

woman

Meitli

girl

Bueb

boy

Chopf

head

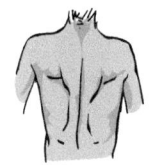

Ruggä

back

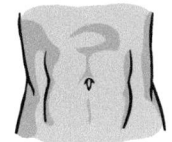

Buuch

belly

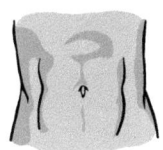

Buchnabel

navel

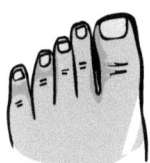

Zäche

toe

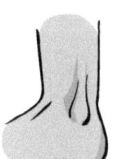

Fersä

heel

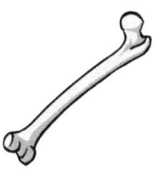

Knoche

bone

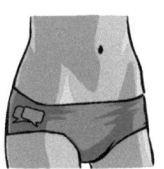

Hüfte

hip

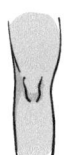

Chnü

knee

Ellbogä

elbow

Nase

nose

Füdli

buttocks

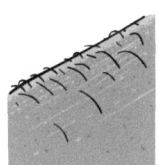

Hut

skin

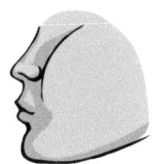

Bagge

cheek

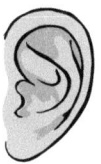

Ohr

ear

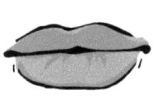

Lippe

lip

Körpär - body

Muul

mouth

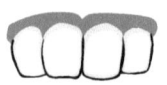

Zah

tooth

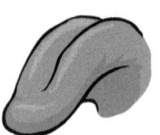

Zungä

tongue

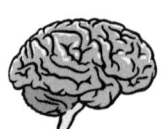

Hirni

brain

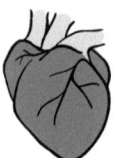

Härz

heart

Muskel

muscle

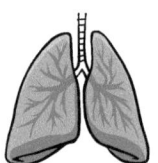

Lungä

lung

Läberä

liver

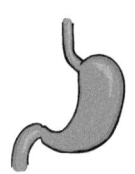

Magen

stomach

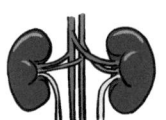

Nierä

kidneys

Gschlächtsvrkehr

sex

Kondom

condom

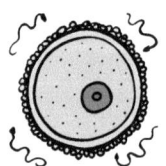

Eizälle

ovum

Soome

semen

Schwangerschaft

pregnancy

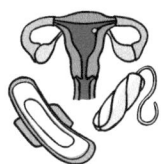

Menstruation

menstruation

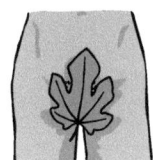

Vagina

vagina

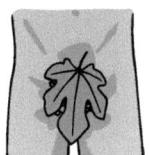

Penis

penis

Augebrauä

eyebrow

Haar

hair

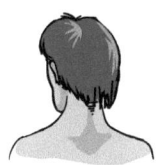

Hals

neck

Spital
hospital

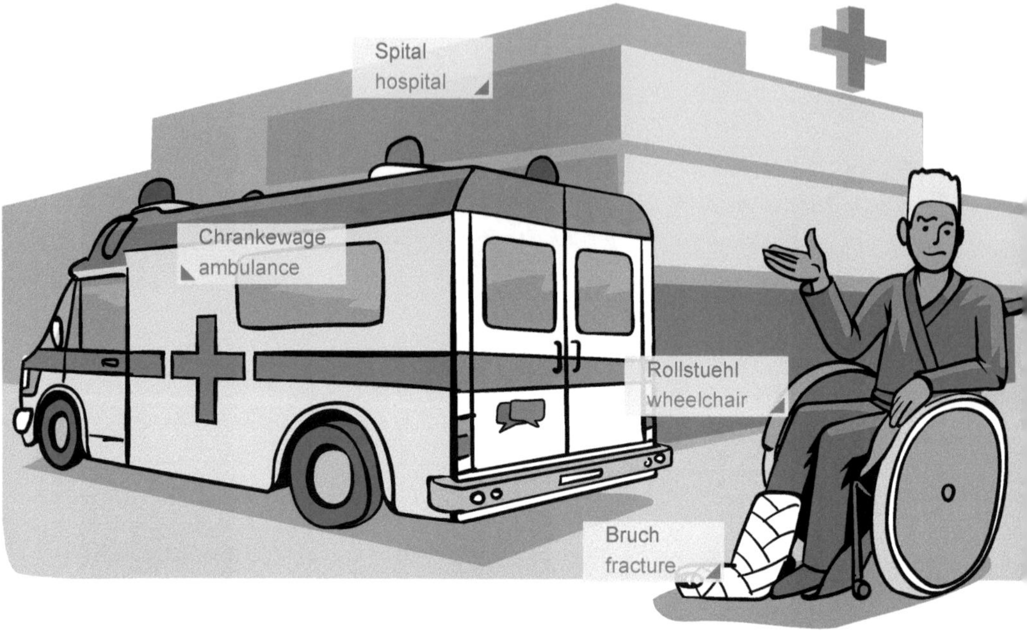

Spital
hospital
Chrankewage
ambulance
Rollstuehl
wheelchair
Bruch
fracture

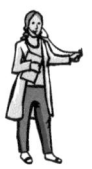

Arzt

doctor

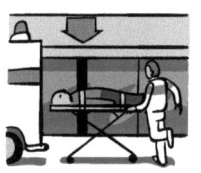

Notufnahm

emergency room

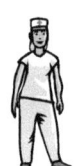

Chrankeschwöschter

nurse

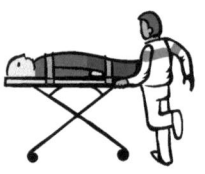

Notfall

emergency

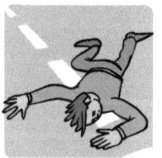

ohnmächtig

unconscious

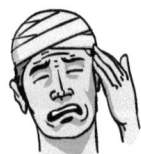

Schmärz

pain

Verletzig

injury

Bluätig

bleeding

Härzinfarkt

heart attack

Schlagahfall

stroke

Allergie

allergy

Hueschtä

cough

Fieber

fever

Grippe

flu

Durchfall

diarrhea

Kopfschmärze

headache

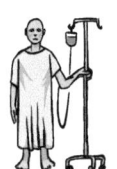

Kräbs

cancer

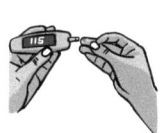

Diabetes

diabetes

Chirurg

surgeon

Skalpell

scalpel

Operation

operation

CT

CT

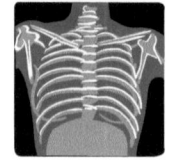

Röntgä

x-ray

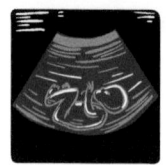

Ultraschall

ultrasound

Gsichtsmaske

face mask

Krankhet

disease

Wartezimmer

waiting room

Krückä

crutch

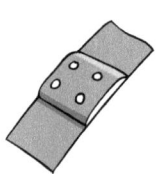

Pflaster

plaster

Vrband

bandage

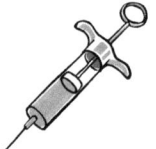

Injektion

injection

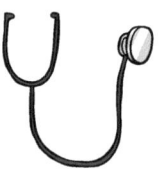

Stethoskop

stethoscope

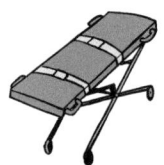

Trage

stretcher

Thermometer

clinical thermometer

Geburt

birth

Übergwicht

overweight

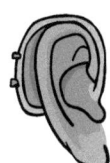

Hörgrät

hearing aid

Desinfektionsmittel

disinfectant

Infektion

infection

Virus

virus

HIV / AIDS

HIV / AIDS

Medizin

medicine

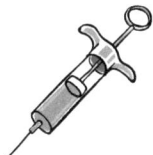

Impfig

vaccination

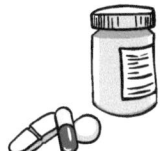

Tablette

tablets

Pille

pill

Notruef

emergency call

Bluetdruck-Mässgrät

blood pressure monitor

chrank / gsund

ill / healthy

Hiufe!

Help!

Alarm

alarm

Überfall

assault

Ahgriff

attack

Gfohr

danger

Notuusgang

emergency exit

Füür!

Fire!

Füürlöscher

fire extinguisher

Unfall

accident

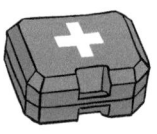

Ersti-Hilf-Koffer

first-aid kit

SOS

SOS

Polizei

police

Europa

Europe

Nordamerika

North America

Südamerika

South America

Afrika

Africa

Asie

Asia

Auschtralie

Australia

Atlantik

Atlantic

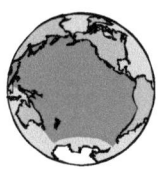

Pazifik

Pacific

Indische Ozean

Indian Ocean

Antarktische Ozean

Antarctic Ocean

Arktische Ozean

Arctic Ocean

Nordpol

North pole

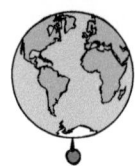

Südpol

South pole

Antarktis

Antarctica

Ärde

earth

Land

land

Meer

sea

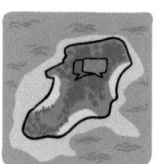

Inslä

island

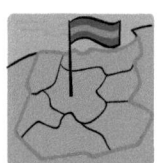

Nation

nation

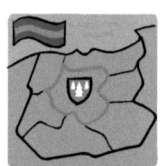

Staat

state

Ziffereblatt

clock face

Stundezeiger

hour hand

Minutezeiger

minute hand

Sekundezeiger

second hand

Wie spaht isch es?

What time is it?

Tag

day

Zit

time

jetzt

now

Digitaluhr

digital watch

Minute

minute

Stunde

hour

Wuche
week

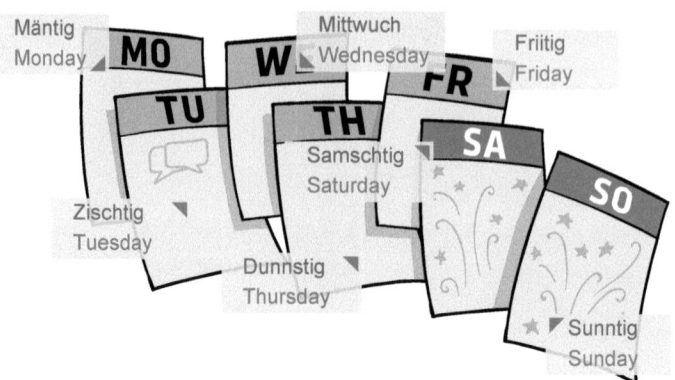

geschter

yesterday

hüt

today

morn

tomorrow

Morgä

morning

Mittag

noon

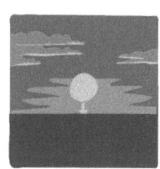

Aabig

evening

Wärktag

workdays

Wuchenänd

weekend

Räge
rain

Rägeboge
rainbow

Schnee
snow

Wind
wind

Früelig
spring

Herbscht
fall

Summer
summer

Winter
winter

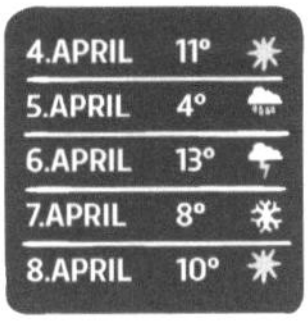

4.APRIL	11°	☀
5.APRIL	4°	☁
6.APRIL	13°	☔
7.APRIL	8°	☀
8.APRIL	10°	☀

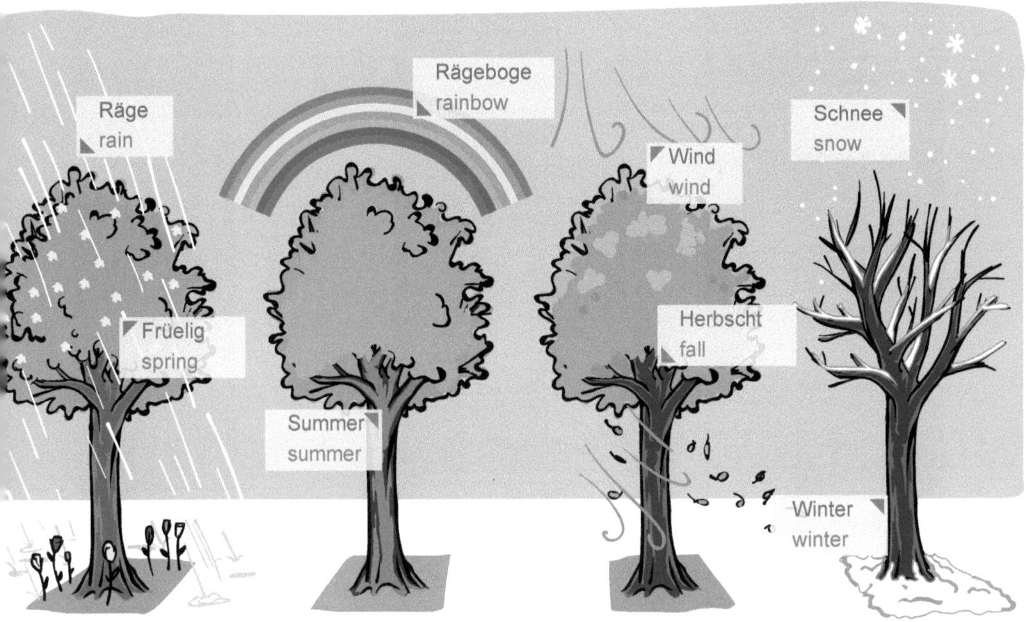

Wättervorhärsag

weather forecast

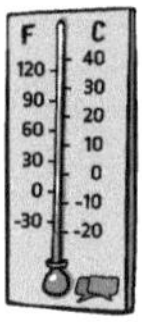

Thermometer

thermometer

Sunneschiin

sunshine

Wolkä

cloud

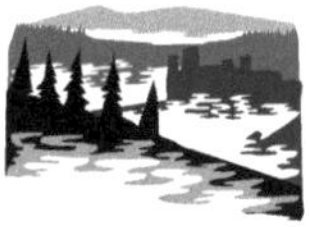

Näbel

fog

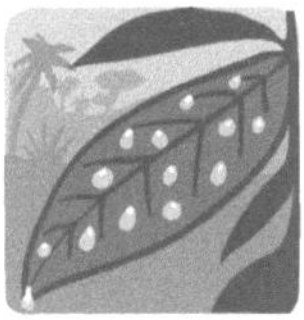

Fiechtigkeit

humidity

Blitz

lightning

Dunner

thunder

Sturm

storm

Hagel

hail

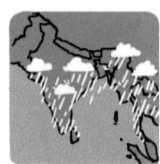

Monsun

monsoon

Fluet

flood

Iis

ice

Januar

January

Februar

February

März

March

April

April

Mai

May

Juni

June

Juli

July

Auguscht

August

Septämber
....
September

Oktober
....
October

Novämber
....
November

Dezämber
....
December

Forme
shapes

Kreis
....
circle

Quadrat
....
square

Rächteck
....
rectangle

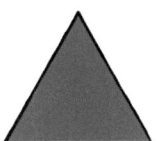

Dreieck
....
triangle

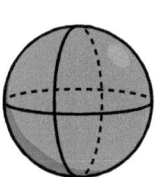

Chugele
....
sphere

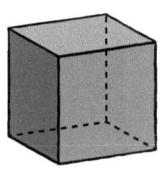

Würfel
....
cube

wiss
....
white

gäl
....
yellow

orange
....
orange

pink
....
pink

rot
....
red

liila
....
purple

blau
....
blue

grüen
....
green

bruun
....
brown

grau
....
gray

schwarz
....
black

viel / wenig

a lot / a little

hässig / ruhig

angry / calm

hübsch / hässlich

beautiful / ugly

Ahfang / Ändi

beginning / end

gross / chli

big / small

hell / dunkel

bright / dark

Brüeder / Schwöschter

brother / sister

suuber / dräckig

clean / dirty

vollständig / unvollständig

complete / incomplete

Tag / Nacht

day / night

tot / läbig

dead / alive

breit / schmal

wide / narrow

ässbar / nid ässbar

edible / inedible

bös / fründlich

evil / kind

uffreggt / glangwilt

excited / bored

dick / dünn

fat / thin

zerscht / zletscht

first / last

Fründ / Find

friend / enemy

voll / läär

full / empty

hart / weich

hard / soft

schwer / liecht

heavy / light

Hunger / Durscht

hunger / thirst

chrank / gsund

ill / healthy

illegal / legal

illegal / legal

intelligänt / gatz

intelligent / stupid

links / rächts

left / right

nöch / wiit weg

near / far

neu / bruucht

new / used

nüt / öpis

nothing / something

alt / jung

old / young

ah / uss

on / off

offe / zue

open / closed

lislig / luut

quiet / loud

riich / arm

rich / poor

richtig / falsch

right / wrong

rau / glatt

rough / smooth

truurig / glücklich

sad / happy

churz / lang

short / long

langsam / schnäll

slow / fast

nass / trochä

wet / dry

warm / chalt

warm / cool

Chrieg / Friede

war / peace

Zahlä

numbers

0

Null
zero

1

eis
one

2

zwei
two

3

drü
three

4

vier
four

5

foif
five

6

sächs
six

7

sibe
seven

8

acht
eight

9

nün
nine

10

zäh
ten

11

elf
eleven

12

zwölf

twelve

13

drizäh

thirteen

14

vierzäh

fourteen

15

füfzäh

fifteen

16

sächzäh

sixteen

17

siebzäh

seventeen

18

achtzäh

eighteen

19

nünzäh

nineteen

20

zwänzg

twenty

100

Hundert

hundred

1.000

Tuusig

thousand

1.000.000

Million

million

Sprache

languages

Änglisch

English

Amerikanischs Änglisch

American English

Chinesisch Mandarin

Chinese Mandarin

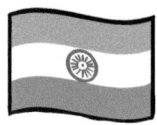

Hindi

Hindi

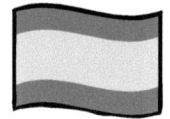

Spanisch

Spanish

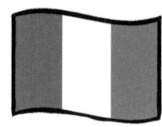

Französisch

French

Arabisch

Arabic

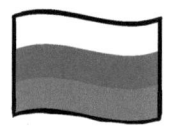

Russisch

Russian

Portugiesisch

Portuguese

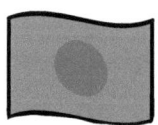

Bengalisch

Bengali

Dütsch

German

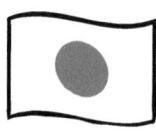

Japanisch

Japanese

ich

I

du

you

är / sie / es

he / she / it

mir

we

ihr

you

sie

they

wär?

who?

was?

what?

wie?

how?

wo?

where?

wänn?

when?

Name

name

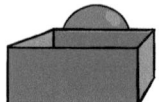

hinder

behind

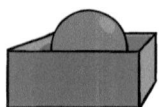

in

in

vor

in front of

über

over

uf

on

under

under

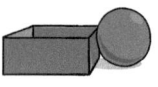

näbe

beside

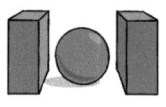

zwüsche

between

Ort

place